AF450609

NOUVEAU TROPMANN.

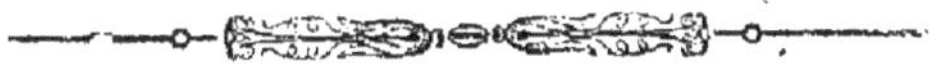

RÉCIT

DE

L'ASSASSINAT D'AUGUSTE BRUÈRE

(Le 23 septembre 1872)

PAR

MARCHAL JOSEPH

INSTITUTEUR A BROC.

L'homme de bien est trop confiant, sa candeur le rend dupe des méchants.

(Moralistes anciens.)

Prix : 50 centimes.

AVIS AU LECTEUR

Encore sous l'impression du crime épouvantable qui s'est accompli pour ainsi dire sous mes yeux, j'ai voulu rapporter, dans ce petit opuscule, l'historique de ce drame lugubre, et, en même temps, communiquer mes pénibles réflexions sur ce sujet.

Je me suis borné à raconter tout simplement les faits, sans vouloir les atténuer ni les embellir; j'ai tenu à esquisser le caractère propre à chacun des personnages mis en scène; j'ai voulu faire comprendre aux parents les terribles conséquences d'une éducation mauvaise, aux jeunes gens la nécessité de réprimer la fougue brutale des passions, en leur montrant l'abîme où elles conduisent tôt ou tard.

Si mon ouvrage peut sauvegarder l'honneur d'un seul, je serai largement récompensé d'avoir consacré mes heures de loisir à la mémoire d'un de mes meilleurs amis.

MARCHAL.

A LA MÉMOIRE DE BRUÈRE

Le 24 septembre 1872, le modeste bourg de Broc, situé à l'extrémité du département de Maine-et-Loire, sur les confins du département de la Sarthe et d'Indre-et-Loire, est dans une extrême agitation.

Depuis l'aurore les habitants sortent furtivement de leurs demeures, s'abordent l'air affolé, échangent tout bas quelques paroles lugubres; c'est un va et vient continuel de personnes de tout âge, de tout sexe et de toute condition, qui remplissent les rues ordinairement désertes à cette heure matinale. On dirait, en voyant la consternation de cette honnête population, hier encore si vive et si enjouée, que le village toujours si coquet et si gai, est subitement devenu la proie d'un mauvais génie. Rapides comme l'éclair, la terreur et l'effroi courent de maison en maison, assombrissant les visages et faisant palpiter tous les cœurs.

Une demeure, une seule, une des plus gentilles

de la localité, reste insensible à la commotion générale. Sa porte, ordinairement avide de livrer passage aux clients, semble vouloir repousser ceux du dehors, en même temps qu'elle paraît tenir à cacher ceux du dedans. Ses contrevents, hermétiquement fermés, empêchent les premiers rayons du soleil de pénétrer dans l'intérieur du logis.

Pour cette maison, c'est comme la prolongation de la nuit, c'est un silence de mort.

Sans le cri terrible qui court de bouche en bouche, on taxerait ses habitants de somnolence et de paresse, d'autant plus que deux petits chardonnerets s'épuisent vainement, derrière la porte, à appeler leur maître pour recevoir, de sa main amie, leur pain quotidien.

Chantez, charmants petits oiseaux ; gazouillez, gazouillez encore ; chantez et chantez plus fort ; c'est votre aimable rôle d'annoncer l'heure du lever à ceux qui vous retiennent captifs, précisément parce que vous les charmez de votre babillage harmonieux.

Appelez votre maître ; prenez cette voix inquiète et plaintive, comme au jour où la main cruelle de l'enfant sans pitié menace d'arracher vos chers petits de leur gracieux berceau.

Oui, appelez votre maître, car il vous oublie!
Hélas, non!!! il ne vous oublie pas!!! mais il dort,
il dort, non plus dans son appartement que vous
partagiez avec lui; il dort, non plus pour reposer
ses forces abattues, afin de mieux travailler le lendemain, il dort d'un sommeil que tous les chants de la
nature ne peuvent troubler, il dort d'un sommeil
semblable à celui d'Abel tué par Caïn, il dort d'un
sommeil long comme la fin des temps.

Son cadavre mutilé git à un kilomètre de Broc,
sur le bord de la route de Chalonnes, à l'endroit
même où les assassins l'ont martyrisé. La mort l'a
frappé comme la foudre, et la vie s'est rapidement
échappée par les plaies larges et béantes qui appa-
raissent sous la gorge et au côté gauche du cou.

Sa belle figure martiale n'est ni décomposée par
l'effroi, ni crispée par les convulsions, elle garde
encore cet air serein et content, qu'on aimait à voir
chez lui dans les plus heureux jours de son bonheur;
si ce n'était ses yeux noirs, ouverts, ternes et fixes
dans leurs orbites, on le croirait reposant d'un calme
et profond sommeil ou rêvant quelques doux souvenirs du passé.

A première vue, on reconnaît que ses meurtriers

lui ont épargné les dernières luttes de l'agonie, en labourant de leur poignard ses restes mortels déjà sans mouvement.

De tous les points environnants on accourt sur les lieux, et chacun contemple avec effroi le spectacle émouvant qui arrache des larmes aux plus insensibles.

A la pitié succède aussitôt l'indignation ; un sentiment de vengeance s'empare de tous les cœurs, on voudrait tenir les coupables, les livrer à la justice, ou mieux, venger sur le terrain même, s'il était permis, l'humanité ainsi outragée.

C'est donc un grand soulagement pour la multitude, lorsque, vers midi, on voit arriver, par Chalonnes, MM. le Procureur, le Juge d'instruction, le Juge de paix, leurs greffiers, le lieutenant de gendarmerie, le maréchal-des-logis, la brigade et enfin M. le docteur Varailhon.

Par respect pour la justice, la foule fait le vide autour du cadavre d'Auguste Bruère. Tout le monde se retire sur la route, et là chacun se tient muet, inquiet, espérant que bientôt on saura la trame de cette ténébreuse affaire, qui n'a eu pour témoin, après Dieu, que l'épouse même de la malheureuse victime.

On s'adresse tout bas mille et mille questions : Où est donc la femme Bruère?... — Elle était ici avec son mari, quand on l'a assassiné?— A-t-elle crié au secours?—A-t-elle essayé de lutter contre l'assassin? — L'a-t-elle reconnu? — Que dit-elle maintenant?... etc., etc. Et à toutes ces questions, il n'est répondu qu'un seul mot, signe avant-coureur de la vérité démasquée : O la malheureuse!!! ô la scélérate!!!

L'opinion générale, encore un peu sourde et silencieuse, la désigne clairement à la vindicte publique, sinon comme complice dans l'horrible drame, du moins comme cause première du malheur. On sait qu'elle a des relations compromettantes avec un jeune homme de la localité; on sait que, depuis un certain temps, elle le fréquente le jour et la nuit, toutes les fois que les absences forcées de son mari la laissent libre de ses allées et venues; on sait que la veille même, après un rendez-vous dans l'épais feuillage d'un taillis, elle s'est montrée fort agitée, comme sous l'empire d'une passion dévorante; on sait que, sous l'unique et futile prétexte de manger un raisin, elle a sollicité, tourmenté, violenté son mari pour la conduire, à Meigné, chez le père Bruère.

On sait tout cela, et ces souvenirs fixent irrévocablement les premiers soupçons. S'il était permis, on dirait aux magistrats : Abrégez votre enquête, et gardez bien l'ignoble épouse, désormais indigne de ce nom : elle doit avoir les mains souillées de sang.

Auguste Bruère et sa femme avaient quitté Broc la veille, vers quatre heures et demie du soir, pour aller souper à Meigné. Le repas s'était passé gaîment : on avait été de part et d'autre heureux de se revoir et de se causer, soit à la table, soit sous le manteau de la cheminée. La jeune femme Bruère seule était demeurée sombre, pensive ; tel dût être Tropmann au dernier repas qu'il fît, avant de massacrer ses nombreuses victimes.

Presque dès son entrée chez le père Bruère, l'hypocrite avait déclaré qu'elle partirait à neuf heures, parce qu'il fallait deux heures juste pour se rendre à Broc. De huit heures à neuf heures, elle avait presque toujours eu les yeux fixés sur la pendule, et son regard contenait quelque chose d'inexplicable, qui disait tout et qui ne disait rien ; c'était un mélange de joie et de crainte, d'impatience et de tranquillité, de bienveillance et de menace, d'amour et de haine.

On racontait alors les tortures subies par les Anglais pendant la terrible insurrection des Hindous, et chaque fois que l'on décrivait un nouveau genre de supplice, elle regardait fixement son mari, en lui disant : « Auguste, il n'y a plus que quinze minutes....., dix....., cinq....., deux.....; partons. »

La famille Bruère protestait affectueusement contre ce départ si précipité, et le malheureux époux déclarait lui-même que rien de sérieux ni de pressé ne les appelait à Broc à heure fixe.

Neuf heures sonnent, la femme Bruère se lève, et, cette fois, dit d'un ton impérieux : « Auguste, il faut absolument partir ! » Puis, sourde aux réclamations de toute la famille, elle ajoute d'une voix insinuante et pourtant inflexible : « Bonne nuit !!! » Bruère répète : « Bonne nuit !!! » Le même souhait est affectueusement rendu par tous, et on y joint même ces mots : « Au revoir !... A bientôt, Auguste, ne nous oublie pas ! »

Hélas ! oui, pauvre père : A bientôt ! au revoir ! vous le reverrez celui qui vous quitte à regret. Vous le reverrez, mais une seule fois ; vous le reverrez dès demain, au lever du soleil, mais il ne vous reverra point, lui !!! Le premier coup de neuf heures

indique la dernière des heures de votre cher enfant !
Sa main ne serrera plus la vôtre, ses lèvres ne vous
donneront plus le baiser filial, si doux pour un père ;
son cœur ne battra plus sur le vôtre !

Malheureuse pendule, tu aurais dû te briser sous
le regard tigré de l'ignoble mégère ; tes aiguilles
auraient dû changer de rôle pour la déconcerter ;
ton timbre aurait dû voler en éclats pour aveugler
la hyène humaine flairant le sang de son époux. La
femme au cœur pourri entraîne précipitamment sa
proie.

Ils partent, et tout sourit à cette misérable : l'horreur de la nuit, le silence effrayant des bois sombres,
le souffle aigu de l'aquilon, la présence d'un jeune
caniche, retenu au bras droit de Bruère par une
forte corde, l'absence de tout regard indiscret, de
toute oreille amie. Aussi, de ses grosses lèvres re-
bondies s'échappe involontairement un soupir de
satisfaction, mais elle le réprime aussitôt pour mieux
masquer sa joie surabondante.

« Mon pauvre Auguste, dit-elle, depuis que ton
frère a parlé du massacre des Anglais, je suis inquiète, j'ai peur pour toi. »

Écoutez bien, malheureux père, et vous, mère

infortunée, écoutez bien... J'ai peur pour toi! J'ai idée qu'on va t'assassiner!!!

Comment, misérable, tu dis que tu as peur de voir ton mari assassiné, et tu ne dis pas que tu le défendras? et tu ne dis pas j'ai peur que nous soyons tués?... Pourquoi donc trembles-tu pour ton mari, et non pour toi? — Cette frayeur isolée m'épouvante, car ton mari est plus alerte que toi, il est plus courageux que toi, il est armé d'une canne à épée, qu'il sait manier; par conséquent, il peut se défendre, même avec succès; tandis que toi, tu es lourde, engourdie, et sans aucun moyen de dé-fense.

Ah! c'est peut-être parce que tu connais depuis longtemps le bon cœur de ton mari; tu comptes sur sa vigueur et sur son attachement inviolable; tu sais qu'il se fera massacrer plutôt que de t'abandonner; tu sais qu'il aimera mieux lutter seul au péril de ses jours que de te laisser exposée au plus petit danger; et voilà pourquoi tu crains pour lui, et non pour toi. S'il en est ainsi, marche et ne crains pas; autre-ment, tais-toi, que la terre t'engloutisse ou que ton corps devienne la proie des hiboux, qui signalent ton passage par leurs cris lugubres.

Aux craintes réitérées et toujours mensongères de son infidèle compagne, Bruère répond chaleureusement : « Ma chère amie, que dis-tu là? — M'assassiner? — Moi? — Pourquoi? — Je n'ai pas d'ennemis pour dire, ni à Meigné, ni à Chalonnes, ni à Broc; il y a peut-être des jaloux, qui ne nous aiment pas, mais je suis sûr qu'aucun d'entre eux ne voudrait nous faire le moindre mal; au reste, ne crains rien, ma canne nous vaut un gendarme, elle suffira bien pour nous défendre. — N'importe, tu as beau dire, je suis troublée. »

Oui, l'hypocrite, elle est troublée; troublée, parce que le premier guet-apens désigné par elle est passé, et que le complice n'y a pas paru; troublée, parce que la confiance de son mari accentue de plus en plus son infidélité; troublée, parce que son ange gardien tout en pleurs essaie un dernier effort sur son âme abrutie par la concupiscence de la chair; c'est malheureusement comme un rayon de soleil tombant sur l'ordure et la boue; il n'en résulte qu'un endurcissement plus complet; elle est troublée, parce qu'une lumière lointaine annonce des témoins dont la rencontre inattendue doit contrarier les pas du complice; elle est troublée, parce que peut-être enfin le complice a-t-il subitement renoncé à l'assassinat projeté ?

Non, ton complice n'a pas eu honte de son pacte; malgré divers contre-temps sans doute providentiels, il a tenu sa parole; tu l'as tellement gâté, corrompu par ton contact, il a aujourd'hui même tellement surexcité son imagination par les fumées de l'alcool, qu'il tient à honneur de venir à ton aide.

Il a d'abord voulu savoir s'il aurait à faire deux victimes ou une seule. Pour cela, il est allé s'assurer si M. Marchal, instituteur à Broc, était chez lui; peut-être aussi pensait-il que cette visite pourrait permettre d'établir un alibi. Il a trouvé la maison vide, et s'est retiré en disant à un voisin, Michel Dallemagne : « Je venais rendre visite à M. Marchal, malheureusement il est absent : voilà ma soirée perdue et ma causette manquée ; une autre fois mieux. » — Ce disant, et comme un homme affairé, qui se trompe involontairement de chemin, il laisse à gauche la route de Maulne et prend celle de Chalonnes.

A quelques cent mètres de Broc, arrive sur lui et à fond de train un éclaireur habile, difficile à saisir, formé à la façon des hulans. Cent fois échappé aux

Prussiens pendant la campagne du Mans, cet éclaireur infatigable donne aussitôt le signal d'alarme, et prévient ainsi ceux qui le suivent de se tenir sur leurs gardes. Ce charmant chien griffon, Bismark, de son nom de guerre, donne à ses aboiements un accent inusité ; au lieu d'aller lécher la main qui l'a mille fois caressé, il recule à mesure que l'assassin avance, et quand l'assassin s'arrête, le chien s'élance sur lui pour reculer encore, en attendant qu'on vienne le secourir. La même tactique continue jusque vis-à-vis le chemin de la Chante-Pierre, dans lequel se jette le bandit pour se blottir au pied d'un chêne. Encouragé par cette retraite subite, le chien tient bon et redouble ses cris.

M. Ménard, curé de Broc, surpris et des aboiements multipliés et de l'agitation violente de son fidèle griffon, veut aller voir s'il n'y aurait pas là un malheureux dans le besoin ; mais Fontenay, son sacriste, observe que ce passage est fréquenté par les braconniers, qui n'aiment pas être reconnus. Cette raison parut suffisante au curé, qui continua sa route. Ce fut très-heureux. Qui peut dire que l'assassin n'eût pas eu l'idée d'assouvir sa rage sanguinaire sur les premiers arrivants.....

De là, le criminel se dirige rapidement vers Meigné, car le temps presse, et le premier rendez-vous est dans les bois de cette commune, assez près de la maison de M. le juge de paix. Arrivé à la Masse, il éprouve un nouveau contre-temps, en apercevant sur la route des personnes attardées, et se trouve obligé de revenir sur ses pas pour ne point manquer au dernier rendez-vous, fixé au sommet de la côte qui sépare Chalonnes de Broc.

Caché là, dans un massif d'épines et d'églantiers, il attend, comme un tigre affamé, la proie que l'on va lui amener.

Quelques instants s'écoulent, et ces quelques instants sont les derniers de l'infortuné Auguste Bruère. En effet, le voilà qui arrive avec celle qui a juré sa mort, et qui commence elle-même gaîment le drame lugubre, en disant : « Auguste, je suis fatiguée, reposons-nous un moment..... Voyons si ce gros caniche saute et rapporte bien..... Donne-moi ta canne, et nous allons voir. »

Toujours complaisant pour l'ignoble créature, qu'il appelle encore : *Ma chère Marie*, Bruère répond : « Très-volontiers... tiens, voilà ma canne : essaie l'éducation de ce gros mouton. »

L'hypocrite prend la seule arme défensive de son mari, et la jette le plus loin qu'elle peut..... C'est le signal de la plus noire trahison !!!

Masqué derrière la haie, juste vis-à-vis Bruère, l'assassin s'élance impétueux, le revolver au poing. Plusieurs coups tirés à bout portant n'atteignent pas leur but; deux balles cependant perforent la gorge et la moelle épinière. Bruère a encore la force de faire une quinzaine de pas en dehors de la route, pour éviter la mort; mais, poursuivi par l'assassin qui voit sa proie lui échapper, il est saisi de nouveau, terrassé, écrasé sur le sol, où il est égorgé sans merci, malgré ses prières et ses cris de grâce !

Le couteau fit si bien son office que le médecin, M. Varailhon, a constaté que la lame, qui avait traversé le cou, était entrée dans l'os de l'épaule droite, et qu'elle s'était ébréchée dans le mouvement rotatoire que la main féroce et inhumaine imprimait à l'instrument meurtrier.

Avant d'expirer, en proie à toutes les peines réunies : peines de cœur, peines de l'esprit, peines du corps, Bruère, baigné dans son sang, voit de son dernier regard sa femme et son amant courbés sur lui pour s'assurer s'il a bien exhalé le dernier soupir ; et son oreille, en se fermant pour tout jamais, reçoit et emporte dans l'éternité le terrible écho du *merci* donné par Marie Hérissé à Isidore Gaultier.

Le crime consommé, les deux misérables disposent symétriquement le corps sur le dos, les jambes un peu repliées, le bras gauche sur la poitrine, celui de droite allongé parallèlement au cadavre, la tête inclinée sur l'épaule droite, l'épée tirée de la canne, mais la poignée du côté des pieds.

Après ce pénible labeur, ils prennent tous les deux la direction de Chalonnes, l'assassin pour aller à Maulne, à travers les champs et les bois ; l'adultère pour aller crier au secours.

Nous laisserons au lecteur le soin de deviner les paroles échangées durant ce court trajet.

Pour nous, sans écouter ces congratulations criminelles, ces promesses de fidélité inviolable, ces serments de mutisme en présence de la justice, ces assurances de se donner mutuellement l'avenir le plus heureux, nous dirons simplement au bandit :

Va, misérable, à travers les champs, cours comme un loup à la gueule ensanglantée du sang d'un jeune agneau, et qui a peur de rencontrer le berger irrité ; enfonce-toi dans les bois comme une bête féroce et cache-toi dans une tanière profonde pour n'en plus sortir, car une goutte de sang a jailli sur ton front, elle est indélébile et jamais tu ne l'effaceras.

Va laver tes mains dans l'eau pure et limpide du ruisseau, dont le doux murmure a tant de fois charmé les oreilles de ta victime, lorsque vous alliez ensemble tendre mille piéges aux petits poissons.

Va, sous le charme trompeur du baiser que t'a donné ta complice adultère ; va, mais écoute, et écoute bien : N'oublie pas que le bon ange de Bruère a battu des ailes et qu'il est remonté au ciel pour t'accuser en défendant sa pauvre âme ; n'oublie pas que le regard juste et sévère de Dieu t'a suivi durant toutes les phases de l'homicide, et que sa main divine a fidèlement inscrit sur son grand-livre qui sera lu au dernier jour, et ta passion, et ta rage, et ta haine, et ta férocité.

N'oublie pas que ton plus intime conseiller lui-même, Satan, l'ange déchu, l'ange maudit, l'implacable ennemi du genre humain, a soigneusement tout recueilli contre toi, et qu'il ne manquera pas, le jour venu, de se porter comme ton irrécusable accusateur. Il semble même qu'en terrassant ta victime, tu aurais dû être troublé par les cris de joie de l'Ange du mal, rentrant dans sa sombre demeure, content d'annoncer ton forfait à toute la légion infernale. Enfin, n'oublie pas que la justice humaine elle-même saura mettre tout en œuvre pour retrouver ta trace et qu'elle parviendra sans doute à venger sur toi l'humanité outragée, la société humiliée.

Va donc, misérable, va te reposer dans ton pavillon; les douceurs du sommeil ne seront plus pour toi. Ainsi que Macbeth, tu vas revoir ta victime, entendre ses cris, sentir l'odeur du sang, manipuler son cadavre, laver tes mains, puis fuir et fuir encore, mais inutilement; ce reste de nuit sera pour toi le prélude et l'image de la dernière nuit d'un condamné à mort.

Retiens bien ces pronostics, et j'espère que tu pourras bientôt comparer!

Partie de son côté, la femme adultère et complice de l'assassinat va demander secours d'abord au fermier des Granges, au sieur Bardet, qui refuse prudemment d'aller seul au lieu indiqué; puis elle dirige ses pas vers le bourg de Chalonnes, afin d'amener René Hérissé, son frère.

Elle sait que ce dernier a un revolver, qu'il a peu de sympathie pour son mari, et que peut-être cette circonstance pourra tromper la justice dans ses recherches : Viens, dit-elle, viens vite porter secours à Auguste. On nous a arrêtés sur la côte des Friches, j'ai eu peur et je me suis sauvée ; je pense qu'on tue mon mari. Prends ton revolver, tu vas tirer et cela pourra mettre les assassins en fuite.

René Hérissé, prudent comme Bardet, refuse d'aller seul et s'adjoint plusieurs de ses voisins. D'un pas timide et inquiet, faisant mille et mille suppositions, ces gens accompagnent la femme Bruère jusque sur la côte. C'est là, dit-elle, qu'on nous a attaqués et que j'ai quitté Auguste ; je pense qu'il a pris sur la gauche, à travers champs, pour aller à Bareil ; puis elle ajoute : n'est-ce pas lui qui est couché là-bas.

Tous se dirigent vers le point noir, à peine visible de la route, et trouvent gisant le cadavre mutilé.

Marie Hérissé se jette sur lui, l'embrasse, couvre ses mains de larmes, en disant : Auguste, mon pauvre Auguste, réponds-moi, es-tu blessé ? ? ?

Elle ajoute : Ah! c'est bien le cher ami, il est mort!!! Que je suis malheureuse! Ce disant, elle simule le plus amer chagrin, au point que les témoins, attendris eux-mêmes, veulent lui épargner la vue d'un tel spectacle, pour ne pas la voir tomber en syncope. Ils la reconduisent à Chalonnes dans l'auberge de son frère où elle passe la nuit toujours comme en pleurs, toujours comme sous le poids d'un malheur aussi cruel qu'inattendu.

Même attitude, même hypocrisie le lendemain 24 septembre, devant le pauvre père Bruère, accompagné de l'un de ses fils également en pleurs, devant tous les nombreux visiteurs et devant les magistrats venus en toute hâte pour mieux assurer le succès de l'enquête.

Lorsque le corbillard de Broc transporte le corps à la mairie, la criminelle suit le cortége sans aucune émotion ; nous ajouterons même qu'elle passe le reste de la journée sous la surveillance de la gendarmerie en s'occupant plus de ce qui se passe que de ce qui peut en advenir pour elle et pour l'assassin. Rien ne paraît l'émouvoir, ni le regard sévère des magistrats, ni l'air consterné de ceux qui remplissent les rues, ni son entrée dans sa demeure souillée d'adultère, ni la vue des outils et des vêtements de son mari.

Ce n'est qu'à la nuit tombante qu'elle perd de son calme apparent, lorsqu'elle voit rouler devant sa fenêtre une grande voiture escortée de la gendarmerie. Aussitôt elle pâlit et demande ce que cela signifie. Son gardien, le gendarme Joli, répond qu'on va s'emparer de l'assassin, son amant, Isidore Gaultier ; puis il ajoute en même temps ces conseils si heureusement suivis par la complice : Madame, croyez-moi, dans votre intérêt, ainsi que pour le bien d'Isidore, ne cachez plus rien, tout est maintenant connu ; c'est désormais inutile de nier, je dois même vous dire que plus vous serez sincère, moins vous serez punis tous les deux ; j'ai vu cela dans mille circonstances.

Prise ainsi par les sentiments et toujours aveuglée par sa passion pour l'assassin qu'elle désirerait sauver, elle hésite un instant, puis elle donne par écrit la déclaration suivante, quoique dans la journée elle ait désigné aux magistrats Jules Duez, valet de chambre au château de Maulne, comme l'auteur présumé du crime :

« Je soussignée, Marie-Thérèse Hérissé, femme
» Bruère, déclare et reconnais avoir concerté hier
» matin avec Isidore Gaultier la mort de mon mari
» et en même temps décidé de le tuer à notre
» retour de Meigné.

» Broc, le 24 septembre 1872.

» Signé : Marie-Thérèse HÉRISSÉ,
femme BRUÈRE. »

Uue heure après cet aveu si précieux pour la justice, arrive l'inculpé, les yeux couverts par son chapeau, les mains garrottées.

L'interrogatoire a lieu chez M. Hérin, maître d'hôtel, au bourg de Broc, et dure jusque vers quatre heures du matin. Prise la première, la femme avoue complétement sa complicité et soutient que la déclaration sus-mentionnée signée par elle est la pure vérité.

Le jeune homme nie opiniâtrément ; on lui donne lecture de la déposition de la femme, il nie encore.

Vers trois heures du matin, on le met en présence même de sa complice, il nie toujours et avec une telle assurance que Marie Hérissé en paraît inquiète : Mon cher ami, lui dit-elle, ces messieurs savent tout, avoue donc. — La réponse est un regard plein de rage. — Crois moi, je t'en prie, avoue, cela nous fera du bien. — Isidore demeure stupéfait, une crispation violente contracte sa figure, ses dents se choquent convulsivement, et près de quinze minutes s'écoulent sans qu'il puisse articuler une syllabe. — Le calme un peu revenu, il prononce les paroles suivantes, en scandant et en vocalisant parfaitement les mots :

Oui, Messieurs, elle dit vrai, j'ai tué Bruère, mais si je l'ai fait, c'est parce qu'elle m'a excité, sollicité, poussé au crime..... elle me trahit maintenant...... c'est une mauvaise femme, et la preuve en est dans ses lettres qui sont cachées avec mon revolver derrière le pavillon que j'habite à Maulne.

Après ce premier interrogatoire, les magistrats remettent les deux inculpés entre les mains des gendarmes : Isidore se retire sans même jeter un regard sur la femme qu'il a tant aimée et qu'il méprise maintenant de toute la force de son âme.

L'enquête recommence à huit heures, au retour de la visite faite au château, pour y prendre et le revolver meurtrier et les correspondances qui serviront plus tard à établir d'une manière péremptoire l'active coopération de la femme dans le meurtre.

A huit heures, Isidore est en présence de sa victime. Le cadavre, dépouillé de ses vêtements, est étendu sur une planche dans la salle de l'école des garçons, la gorge ouverte, déchiquetée par l'autopsie, la tête presque détachée du tronc, et le bras gauche meurtri de cinq trous noirs qui pénètrent profondément les chairs : on dirait presque des têtes de clous enfoncés à grands coups de marteau dans un madrier mou et spongieux.

— Accusé, dit le juge, connaissez-vous ce cadavre ?

— Oui, c'est Bruère.

— C'est bien vous qui l'avez tué ?

— Oui, c'est moi.

— Il n'est tombé qu'après avoir reçu plusieurs balles ?

— Oui, je le pense.

— La balle qui a frappé ici..... a dû porter un coup mortel ?

— Oui, il est tombé.

— Vous l'avez cru mort ?

— Oui.

— Pourquoi donc avez-vous donné ensuite cinq ou six coups de couteau ?

— De peur qu'il ne revienne.

— En frappant ce coup qui a traversé jusqu'à l'épaule droite, vous avez tourné le couteau comme une clef ?

— C'est possible.

— Et ces empreintes, c'est vous aussi qui les avez faites en saisissant Bruère par le bras gauche !

— Non, je ne l'ai point touché.

— C'est bien étonnant, quelle autre main que la vôtre aurait pu laisser des marques si visibles de surexcitation et de fureur ?

— Ce n'est pas moi.

— Approchez votre main, mettez les doigts sur les cinq empreintes et nous allons voir.

L'assassin, qui n'a pas encore donné une seule marque d'émotion, approche sa main enchaînée, mais au moment où ses doigts vont toucher la chair froide et livide, il tressaille violemment et recule en pâlissant.

—Comment, jeune homme, vous reculez, vous avez peur, mais vous n'avez pas eu peur, avant-hier soir, en poignardant ce brave homme. Approchez donc.

Le docteur est obligé de lui prendre la main, de juxtaposer lui-même les doigts criminels sur les meurtrissures..... Ils s'y adaptent tellement bien que toute négation devient inutile.

Les magistrats quittent la salle.

Isidore reste seul debout tout près du cadavre pendant une demi-heure.

Sur les champs de bataille, si bien nommés champs de l'honneur, parce qu'il s'y accomplit des actes pleins d'héroïsme, on a vu le vainqueur pleurer sur les ennemis morts de sa main.

Ici la victime est l'ami le plus sincère que l'assassin ait jamais trouvé dans tout le pays, et pas une larme, pas une pleur, pas même l'expression d'un regret chez le bandit ; il contemple froidement son œuvre sauvage, où il promène vaguement son regard sec et indifférent.

Quand on le fait sortir il marche d'un pas assuré, l'air encore plus féroce que pendant l'interrogatoire.

On comprend que le remords n'a plus d'empire sur lui, que son cœur est fermé à tout sentiment humain, et enfin qu'il a tout ce qu'il faut de cynisme et de corruption pour devenir le plus grand des scélérats.

Quel malheur, dit l'un de ces messieurs, que ce misérable jeune homme n'ait pas pris pour règle de conduite les sentiments qui tapissent les murs de cette classe, il serait encore un honnête homme, et la société compterait un bon citoyen de plus, l'humanité une honte de moins.

N'oubliez pas, monsieur le Curé, de recommander à tous les enfants d'apprendre et de retenir pour plus tard ces maximes vraiment sublimes dans leur simplicité.

L'enquête terminée, on fait monter les inculpés dans deux voitures distinctes, escortées par la gendarmerie ; puis le triste cortége traverse au pas les rangs pressés de la multitude indignée.

Pour adieux, ce sont les cris et les huées de la population entière.

Le parcours de Broc à Baugé se fait par la route de Chalonnes, afin que les assassins revoient une dernière fois la terre qu'ils ont souillée de sang. A Chalonnes, à Denezé, à Noyant, à Auverse, partout même affluence, même expression de sentiments pleins d'indignation et de mépris ; enfin, on arrive à Baugé, et là, une foule encore beaucoup plus compacte salue l'arrivée des prisonniers par ces cris répétés : Voilà les bandits, voilà les scélérats, voilà les Troppmans.

Le geôlier ouvre la porte de la prison, les criminels passent, la porte roule une seconde fois sur ses gonds, la clef tourne dans la serrure.....

Merci à la justice qui a si promptement, si habilement retranché de la société deux infâmes, devenus la terreur de la contrée.

Laissons maintenant les coupables dans leurs cachots ; peut-être pourront-ils y faire quelques réflexions salutaires en attendant leur jugement. Pour nous, nous allons jeter un coup d'œil rétrospectif sur le caractère et sur les antécédents de la victime et de ses deux bourreaux.

Auguste Bruère naquit à Meigné, en l'année 1844, d'une famille honnête et laborieuse, ayant de grandes ramifications dans le pays, et dont tous les membres sont honnêtes et respectables. Lui-même portait l'amour du bien à un très-haut degré. Il était bon ouvrier, juste, rangé, économe et profondément religieux. Son tour de France, cette hideuse plaie de la société qui perd tant de jeunes gens, n'influa nullement sur ses pensées ni sur ses actes, et le ramena au pays le cœur pur et encore tout rempli des saintes instructions du foyer paternel. Il mérita même de ses compagnons l'heureux surnom de *modèle des vertus*.

Pendant son absence de plusieurs années, il garda si fidèlement le souvenir de son pays natal, que le jour de son retour demeura pour lui l'un des plus beaux de sa vie. Que je me trouve heureux, disait-il souvent, de revoir le foyer paternel, mes bons parents, mes amis et ces cloches même qui me rappellent les doux souvenirs de mon enfance.

Devenu cordonnier habile, il travailla quelque temps avec son père, puis il voulut s'établir. Malheureusement il jeta les yeux sur Marie Hérissé, sans trop savoir pourquoi, son cœur battait fortement de ce côté.

Plus expérimenté, le père Bruère essaya de faire rompre ces relations, il alla même jusqu'à dire : Mon fils, laisse cette fille, elle ne te convient pas. Pendant ton absence elle a fait parler d'elle ; on la dit volage, légère, peu travailleuse ; en un mot elle est perdue de réputation.

— Mon père, reprit le jeune homme, je l'aime, et vous savez qu'on dit souvent, par jalousie, du mal de certaines personnes, qui deviennent plus tard de très-bonnes femmes.

Hélas ! son bon cœur l'a trompé d'une manière bien cruelle. Ce malheureux qui croyait réhabiliter cette femme tarée, par son amour et la sainteté de son serment, fut cruellement puni de ses illusions et de sa résistance aux conseils paternels.

Si ce principe, excusable par la bonne foi, était souvent mis en pratique, ce serait la négation complète de la société. Combien d'alliances conduiraient au crime ! que de jeunes gens déploreraient amèrement leur imprudence, et combien de jeunes filles pleureraient leurs funestes illusions !

Retenez donc bien cette terrible leçon, vous qui désirez trouver une compagne : ne tendez jamais la main à une personne qui aura, même légèrement, compromis son honneur. La famille, pour réussir, suppose toujours un mari honorable, une épouse irréprochable aux yeux de la société.

Malheur, si l'on peut dire un jour ou l'autre à un enfant : Ton père, ta mère n'ont pas toujours marché droit. Ce seul reproche est souvent une tache ineffaçable.

Bruère avait construit depuis un an une belle

habitation au bourg de Broc, et en même temps établi un commerce d'épicerie ; il faisait d'assez bonnes affaires et il aurait amassé sinon une fortune, du moins une honnête aisance. Mais malheureusement la destinée est venue hâter l'heure néfaste de son trépas, les maudites Parques ont cruellement tranché le fil de ses jours.

Il avait très-bon cœur, l'esprit loyal et franc ; son extrême obligeance lui attirait beaucoup d'amis : c'était pour lui une vraie joie de faire le bien et de rendre service aux malheureux ; il se serait même volontiers sacrifié pour un ami. Rien ne lui coûtait dans un moment d'épreuve, pour surmonter les difficultés d'une pénible situation.

Ses sentiments religieux étaient sincères et exempts de pharisaïsme : on se rappelle quelle joie il ressentait d'avoir vu son cruel assassin l'accompagner à la communion pascale : il croyait, dans sa bonne foi et dans son affection, avoir contribué à cette bonne œuvre, tandis que ce monstrueux sacrilége n'était commis que par hypocrisie et pour le mieux tromper. En effet, dès cette époque, Isidore nourrissait déjà depuis longtemps le projet de le tuer : on présume même que l'épouse de Bruère a influé beaucoup sur cet acte inqualifiable en suggérant à son amant la pensée de condescendre aux désirs de son mari.

D'ailleurs, cette malheureuse ne se faisait point scrupule d'aller elle-même profaner les sacrements chaque fois qu'elle soupçonnait devoir faire plaisir à son mari.

Témoin ce qui se passa la veille de Noël 1871. Bruère, suivant sa louable habitude, devait assister à la messe de minuit, mais il avait compté sans la femme adultère ; le soir, au souper, il absorba une substance vénéneuse, qui lui occasionna subitement de violentes coliques et le retint une partie de la nuit entre la vie et la mort.

Les annales de l'humanité ne rapportent aucune histoire plus horrible ni plus monstrueuse que celle-ci. Jadis, le fils de Cyborée, Judas Iscariote, d'ignominieuse mémoire, trahit et vendit aussi, il y a près de dix-neuf cents ans, un de ceux qu'il pouvait appeler le meilleur de ses amis, son maître ; mais à peine eût-il accompli cette perfidie que sitôt le remords envahit son âme et le força d'aller jeter dans le temple le vil argent qu'il avait reçu pour prix de son odieuse délation ; puis désespérant de pouvoir jamais obtenir son pardon; il se donna en pâture aux corbeaux en se pendant aux branches d'un figuier stérile, digne emblème d'une vie sans vertu et sans espoir.

Pour la Bruère, elle n'éprouva ni crainte ni remords, elle marcha invariablement à la réalisation de ses projets ténébreux.

Cette femme, née à Chalonnes-sous-le-Lude, en 1846, avait eu une jeunesse très-agitée. Dans un âge fort tendre, la voix publique, cet autre tribunal sacré, l'avait déjà accusé d'adultère. Mille autres événements de peu d'importance, mais très-expressifs par l'intention avec laquelle ils sont accomplis, édifient parfaitement sur sa moralité ; tous ces petits riens, où le crime s'essaie et apparaît peu à peu comme une tête de Méduse, dénote un sang vicié, un esprit mauvais.

Nous restons toujours ce que nous étions étant enfants. Il n'est donc pas à douter, d'après ce long tissu d'infamies, que son bon ange a dû livrer de rudes combats aux mauvais exemples qui ont marqué ses premiers ans, avant d'abandonner le champ de bataille à l'immortel ennemi du genre humain. Qu'on soit bien persuadé, cette déplorable histoire le montre amplement, que celui qui ne respecte ni Dieu, ni ses parents, ni ses semblables, ne pourra jamais aimer personne d'un amour vrai, et que toute bénédiction s'éloignera de lui.

Je ne dirai rien de sa famille qui existe encore, mais il est certain que de l'éducation première donnée aux enfants par les parents découle presque toujours le bonheur ou le malheur des individualités. Le père et la mère représentent Dieu sur la terre et lui doivent un compte sévère, ainsi qu'à la société, des outrages faits à son nom. Si donc leurs descendants se fourvoient par leur faute, leur responsabilité est d'autant plus grande qu'ils ont moins bien rempli leur mandat et violé les promesses contractées dans le saint engagement du mariage.

Ce siècle néfaste, fécond en troubles et en révolutions, a fait surgir toutes les insanités qui grouillaient au fond des cloaques pestilentiels, et amené une grande relâche dans le gouvernement des familles. C'est un grand tort. On doit au contraire redoubler de vigilance. La multiplicité des adultères, des assassinats, des empoisonnements, des incendies, des vols, des rapines, des procès dont la presse fourmille. ne le prouve que trop. Il est main-

tenant facile, si les choses vont *crescendo*, de cal-
culer combien d'années il faudra pour arriver au
point, où il sera nécessaire de convoquer la moitié des habitants , pour tenir enfermée l'autre
moitié.

Tout meurt, tout périt, tout s'écroule, même les
institutions les plus saintes et les plus vénérées. La
philosophie moderne a envahi et gangrené toutes
les classes ; sous prétexte de réforme, elle a sapé les
fondements de notre état social, renversé toutes les
croyances, et, pour preuve de sa mission, comme
la Babel des races proscrites, n'a laissé que des
débris et des ruines, triste et amer legs pour les
générations futures.

Les jeunes gens n'étant plus élevés dans les principes qui ont protégé nos aïeux, traversent la vie
comme poussés par le vertige. Ils roulent comme
comme un tourbillon à travers les événements,
voient d'un œil indifférent les peines d'autrui,
croupissent dans le sommeil absolu de toute conscience, n'acceptant pour dogme qu'un athéisme
grossier, pour doctrine qu'un matérialisme abject,
double aberration condamnée de tout temps par la
raison humaine, et qui les conduit, de chute en

chute, à la dernière de toutes, la dégradation morale et physique.

Voilà aujourd'hui le fonds vivant de l'existence humaine.

Les semblables se réjouissent de leurs semblables, disaient les anciens ; *similia similibus gaudent ;* cet axiome a un sens profond d'actualité, puisque dans notre drame le crime attire le crime.

En présence de si prodigieuses infortunes, on est tenté de se demander si le doigt de Dieu n'est pas ici, s'il n'a pas voulu, pour des raisons supérieures, donner par cette victime innocente un terrible exemple pour montrer l'abîme insondable où conduisent les passions mal comprimées.

Quant à la femme Bruère, le dernier jour sera le couronnement d'une vie que tous les efforts des gens de bien n'ont pu ramener dans la bonne voie : cette brebis égarée a toujours refusé de rentrer au bercail ; c'est peut-être parce qu'elle devait elle-même être offerte en holocauste pour l'amendement de plusieurs.

On ne peut se figurer les motifs qui l'ont poussée dans cette voie funeste. Rien ne motivait une pareille conduite. A part le reflet du vice qui altère le physique, elle avait tout pour elle : la beauté, la santé, les éléments de la vie moderne avec toutes leurs conditions de bien-être, et, au-dessus de tout cela, l'amour et l'affection de son trop tendre époux. Il la chérissait et l'aimait tant qu'il ne pouvait supporter la vue d'un travail manuel trop fatigant pour elle. Il désirait la voir toujours bien mise et jouissait des considérations que ces procédés délicats lui accordaient. Il avait tant de modération pour elle, de prévenances en toutes choses, de tolérance parfois exagérée que son existence si heureuse était jalousée par les autres femmes du bourg qui la comparaient à une reine : expression populaire signifiant la plus grande somme de bonheur auquel une personne puisse arriver.

Cependant, sous ce ciel si brillant, sous cette eau si limpide, dans cette atmosphère si parfumée, dans cet intérieur si coquet, si gai, si doux, si paisible, si aimant, quelle secousse, quelle tempête effroyable est venue tout d'un coup anéantir ce nouveau paradis terrestre et recouvrir d'un lugubre manteau de deuil cette demeure que les anges auraient été jaloux d'habiter. Cela dépasse les limites de l'imprévu et nous rappelle ces lois cruelles de la fatalité dont la mystérieuse influence était sensée gouverner les sociétés antiques.

Cette femme, malgré ses dehors séduisants, sa tenue si convenable, ses procédés amicaux, possédait la nature la plus perverse qu'une imagination dépravée puisse rêver. Son esprit présente un monstrueux assemblage de tous les vices, et jamais son cœur pétrifié n'a battu sous l'inspiration d'une pensée généreuse. L'audace et la bassesse, l'hypocrisie et le cynisme sont les attributs les plus prononcés de cette mégère. Quant au mobile de ses actes, il est plus difficile à établir, si on veut voir autre chose qu'une immoralité sans frein et poussée dans ses plus extrêmes limites.

On l'a vue communier à Noël après avoir empoisonné Bruère, on l'a vue communier à Pâques avec Isidore, mûrissant l'homicide projeté; on l'a vue le jour même de l'assassinat, après avoir fixé l'heure du crime, aller demander des raisins à la femme Dupuis, de la Maison-Neuve, pour les donner, disait-elle, à son mari qui en faisait ses plus chères délices. Dans ce moment, elle se plaignait d'être extrêmement fatiguée et de ne pouvoir marcher; pourtant le voyage de Meigné eut lieu avec toutes ses suites déplorables ! ! !. On l'a vue, on l'a admirée, le 12 septembre, sautant au cou de Bruère, l'embrassant, lui prodiguant les mille caresses d'une sincère et véritable amitié, lorsqu'il avait été comploté, ordonné par elle, qu'Isidore irait le soir même l'attendre à la Croix-Beauchêne pour le tuer dans la voiture de M. le curé.

Mais c'était dans son intérieur et au moment des crises qu'elle déployait toutes les ressources de son astuce diabolique pour endormir les soupçons, neutraliser les équivoques et rasséréner les esprits sur son innocence.

Son indigne conduite était appréciée à sa juste valeur. Son mari (l'affection rend si facilement aveugle), son mari seul lui accordait sa confiance, malgré le témoignage de ses parents et de ses amis, malgré les lettres anonymes qu'il recevait de temps à autre, malgré les apparences qui ne pouvaient être douteuses que pour lui.

Que de fois, après avoir ouï les ténébreuses trahisons de son épouse, ou commenté une de ces missives qui lui racontaient les tours abominables dont il était le jouet, il s'est trouvé transporté d'indignation : il se serait même alors porté à de fâcheuses extrémités si, par ses fausses caresses et son air de ne pas y toucher, elle n'eût ramené le calme dans son cœur. Il s'irritait quand son honneur était en jeu et ne transigeait jamais avec sa conscience ; il n'aurait pas été sage de trop exciter ce sang qui, bien que généreux, était très-vif et très-bouillant.

Le dimanche premier septembre, l'instituteur fut invité à se reposer un instant chez lui ; il accepta naturellement, et après avoir dégusté un verre de vin, il proposa d'aller faire une partie de billard. Isidore qui se trouvait là comme d'habitude se leva pour suivre ses bons amis, mais il sortit le dernier. Arrivés chez M. Hérin, ces messieurs remarquèrent l'absence de Bruère qui ne reparut point de la soirée.

Le lendemain il alla rendre visite à l'instituteur, et la conversation, après avoir épuisé les banalités d'usage, tomba sur son échappée de la veille : Vous m'en demandez les motifs, dit-il, d'un ton sombre.... Je ne peux les dire.... Je suis un fou... et tel que vous me voyez, je suis bien malheureux.... Je souffre cruellement d'une peine de cœur qui ne pourra jamais se cicatriser.... Ce mal me fera mourir de honte et de chagrin.....

Malgré ces assertions, on sentait que son secret était prêt à lui échapper, qu'il sollicitait de la confiance et qu'il cherchait du renfort contre le découragement, des consolations à sa douleur, des palliatifs à sa peine morale. Il suffisait de toucher la corde sensible pour amener une explosion et faire déborder la liqueur qui s'agitait au fond du vase.

Poussé délicatement dans ses derniers retranchements, il prit comme l'on dit son courage à deux mains et narra le fait suivant :

« Lorsque hier, nous sortîmes de chez moi, je remarquai qu'Isidore en passant près de ma femme lui allongea vivement le bras derrière le dos et lui glissa un billet dans la main. Un horrible soupçon traversa mon esprit ; je conçus un doute affreux et voulus l'éclaircir sur-le-champ.

» Dès que vous fûtes engagés dans l'escalier d'Hérin, je fis demi-tour et revins précipitamment par la porte de la cuisine surprendre en flagrant délit mon indigne compagne se délectant dans la lecture d'une lettre que je lui enlevai prestement. Jugez de mon indignation lorsque je reconnus une correspondance d'Isidore, dans le style de Saint-Preux à Julie; ce fut pour moi la preuve d'une liaison dangereuse, peut-être même criminelle.

» Je confie à votre amitié cet affront que je n'ose communiquer à ma famille…. Lisez vous-même et donnez-moi en toute franchise le conseil que vous croirez devoir m'être le plus utile. »

Voici ce qu'il lut :

« Ma bonne petite femme chérie,

» Je t'écris ces deux mots pour te dire que c'est
» bien ennuyeux d'être éloignés si souvent l'un de
» l'autre et que la vie est bien courte pour ceux
» qui ne savent pas en profiter. Tu peux croire,
» ma chère, que les jours sont longs lorsque le
» cœur soupire, et c'est encore très-heureux qu'ils
» ne durent pas éternellement, car celui qui vit
» dans l'espérance courrait souvent le risque de
» mourir de faim. Mais c'est assez causé sur ces
» choses que tu comprends aussi bien que moi, je
» voulais seulement te dire que tu ne manqueras
» pas à notre rendez-vous et que rien ne viendra
» contrarier le doux plaisir d'une si charmante
» entrevue.

» En attendant ce doux moment, aime-moi
» comme je t'aime.

» Ton ami dévoué,   « ISIDORE »

Le malheureux Bruère doutait de a perversité de son épouse et désirait encore la trouver innocente, malgré les preuves évidentes du contraire. Dans sa violente irritation, il déversait sur Isidore les invectives les plus écrasantes ; il l'aurait volontiers appelé sur le terrain s'il ne s'était rappelé que la religion et la société défendent le .duel, et si M. Marchal n'eût ajouté du ton le plus persuasif.....

« Mon pauvre ami, le malheur est un mauvais conseiller, où en seriez-vous si votre acte était considéré non comme duel, mais comme assassinat ; où en seriez-vous si la victoire se déclarait contre vous. La seule conséquence serait de laisser le champ libre aux amoureux, pour roucouler à leur aise et chanter votre infortune sur tous les tons. »

Ces raisons assez plausibles, du reste, modifièrent sensiblement ses projets et refroidirent considérablement sa fougue juvénile.

Rentrant ensuite dans les desseins de l'époux, le conseiller s'appliqua à pallier les torts de l'épouse, sans pourtant vouloir excuser sa légèreté. Il fit à Bruère un tableau peu récréatif des quolibets qui allaient pleuvoir sur lui et des torts irréparables qu'il porterait à son négoce ; il lui fit voir qu'un éclat amènerait la désunion dans son ménage en le plongeant pour toujours dans le chagrin et l'isolement et finit par lui persuader qu'il n'y avait plus qu'une chose à faire pour éviter un scandale et ne donner aucune prise à l'ennemi ; cette seule chose était de mettre le bon droit de son côté.

Le meilleur moyen pour cela, dit-il, est d'abord de tenir la chose secrète et de vivre comme par le passé. Peut-être, malgré les apparences, votre épouse n'est coupable que d'une complaisance déplacée. Un malhonnête homme peut fort bien avoir des convoitises pour une femme qu'il admire et lui adresser des lettres indécentes. Cela se voit fréquemment et ne tache nullement une réputation. Cependant, comme votre honneur est atteint dans ce qu'il a de plus sacré, il faut se garer et agir énergiquement contre le mal en interdisant d'abord à l'insolent l'entrée de votre maison, puis en surveillant de près votre chère moitié. Alors, si votre ménage ne souffre point de ce procédé très-légal, vous n'aurez point à vous inquiéter des conséquences de cette rupture.

Ce fut sous l'empire de ces sentiments que le lendemain il expédia à Isidore une lettre pleine de noblesse et d'élévation, qui a été regardée comme un chef-d'œuvre de diction et d'honnêteté. On est surpris avec juste raison que cette missive n'ait produit aucun effet sur le cœur d'Isidore, car elle lui rappelait les rapports intimes qui les unissaient depuis longtemps, les douces prévenances, les attentions délicates des premiers temps de leur connaissance, l'intimité accordée, les affections du cœur prodiguées, puis la confiance trahie par la plus noire des ingratitudes, la honte du foyer souillé, son honneur lâchement outragé. Il le priait dans les termes les plus nobles et les plus touchants de revenir à de meilleurs sentiments, de cesser désormais des relations si criminelles et si préjudiciables à leur bonheur et à leurs intérêts, de quitter le pays qu'il a déshonoré, et de ne jamais remettre les pieds dans sa maison.

A partir de ce jour, Isidore cessa de fréquenter ostensiblement la maison Bruère ; ses relations avec Marie Hérissé n'en continuèrent pas moins ; les rendez-vous, les petites causettes devinrent plus nombreuses et plus fréquentes qu'auparavant. Le malheureux Bruère, devenu facteur auxiliaire de la poste, eut dès lors à transmettre souvent aux extrémités opposées de la commune des lettres anonymes et incomprises des destinataires. Quand il les portait lui-même, on voyait Isidore arriver par la Chante-Pierre, passer derrière le voisin Chaumain, s'introduire dans la cuisine et y rester jusqu'au retour, puis s'esquiver par le même chemin. Quand, pressé d'ouvrage, Bruère envoyait sa femme pour courir ces longs voyages, la tournée était bientôt faite ; on allait tout bonnement s'asseoir au carrefour d'un bois et on devisait sur le moyen de se débarrasser de lui.

Cette vie honteuse dura quelques semaines avec des difficultés toujours croissantes, bien que le mari fût le plus débonnaire du monde, et elle aurait pu durer longtemps, si cette femme n'eût été le composé le plus hideux que l'on puisse trouver.

C'est à partir de cette époque que commence cette longue série de lettres produites dans le procès des accusés, et qui prouvent la scélératesse profonde de cette épouse éhontée et sans cœur, en même temps que l'empire ascendant pris sur ce jeune homme, victime de son inexpérience.

Les deux premières sont remplies de phrases sentimentales ; le bonheur et le plaisir voguent à pleines voiles dans le pays de Cythère; on y parle beaucoup de *cher ami,* de *cher petit!* Mais rien encore de ce qui fera le sujet principal des lettres suivantes. De même qu'un ingénieur fait le nivellement du sol où il veut élever une bâtisse, de même la Bruère prépare ce cœur à l'homicide qu'elle rêve.

Elle excite sa passion pour lui rendre moins pénible le sacrifice qu'elle exigera plus tard. Par ses charmes trompeurs, elle éblouit, elle fascine, elle endort cette conscience timorée qui ne sent plus la laideur du vice.

L'amant était né de père inconnu, en 1850, à Saint-Remy, arrondissement de Rambouillet, département de Seine-et-Oise. Il portait le nom de Gaultier François-Adrien, mais dans le pays on le désignait sous le pseudonyme d'Isidore. Ses antécédents sont peu connus : on sait seulement, et peut-être aussi à cause de sa naissance, que ses instincts étaient portés au vice. Il avait servi en Afrique pendant la guerre de 1870, et était revenu continuer son service à Maulne, près de M. de la Poëze, qui l'employait comme palefrenier depuis 1869. Il était brusque, irascible avec ses égaux, surtout dans les derniers temps, et faisait pressentir quelque chose de sinistre. Les relations qu'il avait contractées avec les époux Bruère, avant la guerre, devinrent plus intimes; à son retour, de fréquentes visites s'échangèrent, et les coupables avouent eux-mêmes que dès ce moment un commerce d'adultère s'établit entre eux.

Si, dans les commencements de cette histoire, une main amie et doucement habile était venue au secours du malheureux jeune homme, pour le diriger et rallumer les étincelles du bien qui restaient en lui, il n'eût peut-être point pris le mauvais côté de la vie et ne serait point devenu un ange déchu, un ange tombé, un ange dégradé, comme nous le verrons ci-après. Mais nul ne trouva le chemin de cette âme solitaire, nul ne vint faire résonner les fibres sensibles de ce cœur aux abois, et le démon, sous la forme de la femme Bruère, s'empara facilement d'une si belle proie, pour la perdre et la plonger sans rémission au fond du goufre fatal.

Ah! qu'il est heureux celui qui, de bonne heure, s'accoutume à la vertu et s'efforce de dompter la fougue de ses passions, car il est très-rare qu'il ne persévère point dans cette voie, s'il a la force de briser les premières tentations.

Pauvre Isidore! il eut le malheur de rencontrer cette misérable, qui l'enlaça dans les plis et replis de sa passion, et le décida, par ses promesses, par ses caresses enivrantes, à surmonter l'obstacle qui les séparait.

C'est dans la troisième lettre, écrite deux jours après celle de Bruère congédiant Isidore, que se déroule dans toute sa plénitude l'infernal plan qu'elle nourrissait.

Elle commence par le traiter de cher ami!... puis elle lui parle à peu près en ces termes : « Je n'ai jamais aimé que toi depuis que j'existe, et je ne pourrai jamais en aimer d'autres..... Je ne sais comment te persuader, ni te prouver ces sentiments inaltérables..... Tu possèdes seul toutes les pensées de mon cœur..... Je suis prête à tous les sacrifices, pourvu que tu me rendes cet amour pour lequel je donnerais tous les trésors de la terre..... Comme je regrette amèrement nos entrevues!.... Je t'en supplie, arrangeons-nous de manière à nous voir et à nous rencontrer quand même. » Puis elle lui indique les moyens d'assurer leurs rendez-vous, tout en lui disant de se bien défier de son mari, « car il m'a prévenu, ajoute-t-elle pour finir, *qu'il te tuerait ou que tu le tueras, et qu'il me tuera après..... Ah!* mon cher....., un homme de moins sur la terre, et nous serions parfaitement heureux !!! »

Ces paroles sont douces, n'est-ce pas ? Elles n'indiquent à l'amant insensé qu'un projet, un vœu d'amour, un simple désir de réunion, en dépit de tous les obstacles ; mais soyez logiques : analysez les conséquences de cette tirade empoisonnée, et voyez si ce malheureux ne devait pas succomber à cette attrayante fascination, et s'il était capable d'entrevoir les suites désastreuses de ses desseins sanguinaires. Non, il écouta cette musique passionnée, se laissa bercer de chimères, ne vit que le plaisir sans se douter du danger qui l'atteindrait un jour.

Les rendez-vous eurent lieu comme c'était convenu, et l'infortuné jeune homme aspira à longs traits le souffle empoisonné qu'elle inoculait sournoisement par tous les pores de ses sens subjugués.

Jusqu'alors il avait résisté aux moyens violents qu'elle lui proposait ; mais peu à peu s'éteignit en lui les derniers scrupules de la conscience : il en vint à l'essai du poison. Plusieurs tentatives de ce genre avaient échouées, soit par défaut de manipulation des substances vénéneuses, soit par crainte, soit par timidité, soit peut-être même encore par un dernier remords, car on ne devient jamais un grand criminel du premier coup ; il faut un long apprentissage, une suite continuelle de méfaits pour que le cœur se corrompe et s'endurcisse au point de tuer, pour le seul plaisir de tuer.

Sans doute qu'il se récria plus d'une fois contre cette volonté inflexible, inexorable, qui lui dictait les projets les plus insensés : témoin le jour qu'elle lui conseillait de mettre un aspic dans la bouteille de vin destinée et réservée au facteur desservant le château de Maulne.

« C'est bien facile, disait-elle, c'est tout simple ; avec un aspic, ou simplement avec un crapaud, on obtient le même résultat...., un excellent poison.... — Point si facile, répondait Isidore. La bouteille !... La bouteille, mais il ne la boit point seul. Il en donne toujours aux autres domestiques. — Cela ne fait rien, mon cher ami ; le grand malheur qu'il en périrait trois ou quatre avec *lui,* pourvu que nous *en* soyons débarrassés ! »

Que leur avait fait ce juste à qui ils voulaient tant de mal ?

Qu'avaient-ils eux-mêmes à désirer pour être plus heureux (si on pouvait être heureux en faisant le mal) ?

Qu'importait à leur bonheur la mort de cet homme ?

L'hypocrisie, la déloyauté, le mensonge, la fourberie, l'infidélité, la débauche, l'adultère, n'avaient-ils pas de quoi se rassasier dans ces âmes souillées d'impuretés, dans ces corps saturés de vices ?

Les démons de l'enfer devaient rire dans leur fournaise ardente.

Satan, le hideux Satan, devait pleurer des larmes de joie.

Jamais l'infamie et la corruption n'avaient été poussées à de plus extrêmes limites.

« Il est difficile d'imaginer, dit le *Journal de Maine-et-Loire*, dans son numéro du 15 février **1873**, de rêver drame plus lugubre, plus affreux, plus émouvant que celui qui se déroulait, toute la journée d'hier, devant le nombreux public remplissant la salle de la cour d'assises d'Angers, et si ce procès se fût déroulé à Paris, et pour des gens de condition plus élevée, il eut certes pris rang parmi les causes célèbres. »

Rien, en effet, ne peut donner une idée juste, une figure exacte de cette horrible dépravation. Si les circonstances étaient venues contrarier leur dessein, ils auraient eu le courage de sacrifier, d'empoisonner, d'égorger, de centupler les assassinats pour arriver à celui de Bruère!!!

Et cette accusation n'est point une hypothèse inventée au hasard pour les besoins de la cause, c'est l'exacte et pure vérité : les faits ne le prouvent que trop!

On ne peut comprendre le cynisme de cette femme qui, pendant plus d'une année, partagea la couche de son mari, lui prodiguant les mille petits soins, les mille caresses d'une affection sincère et dévouée, tandis que son imagination s'ingéniait à trouver les moyens de fournir à son amant l'occasion de le détruire.

Son esprit était tellement fertile en ressources, qu'elle faisait servir à ses projets les circonstances les plus futiles en apparence.

C'était au mois de mai 1872.

« Vous ne savez pas, dit un jour Bruère à M. Marchal, il y a un aimable jeune homme, Isidore, cocher de Maulne, qui désire faire votre connaissance. Il m'en a parlé plusieurs fois. Si vous voulez bien, nous sommes invités, ma femme et moi, à l'aller voir, vous nous accompagnerez, cela lui fera plaisir. »

L'instituteur, nouvellement arrivé dans le pays, voulut profiter de cette bonne occasion pour entrer en relation avec ce monsieur, qu'on lui dépeignait sous les auspices les plus favorables.

On partit à huit heures précises. Bruère portait deux livres de sucre sous son bras. Il était convenu avec Isidore qu'on prendrait du vin sucré dans la veillée. La femme Bruère devait surveiller le magasin jusqu'à neuf heures et demie, et venir, avec une de ses amies, les retrouver pour dix heures.

La soirée était splendide. Le ciel brillant d'étoiles, calme et serein. Un beau clair de lune faisait gracieusement ressortir les massifs, qui ombragent et dominent la charmante vallée de Maulne. On respirait avec bonheur les effluves parfumées de la brise qui se jouait mollement dans les bosquets. Une gaieté folle enivrait les deux amis : ils sautaient, ils gambadaient, ils jacassaient comme des enfants. Amère dérision des vicissitudes humaines : ils étaient heureux de vivre, et ils couraient à la mort !

Ils arrivèrent joyeusement chez Isidore qui, attendant simplement Bruère, n'en reçut pas moins l'instituteur avec la plus grande courtoisie.

Il était près de neuf heures. Bruère raconta que son épouse avait voulu rester au magasin jusqu'à la fermeture pour servir les clients, mais qu'elle serait arrivée pour dix heures, et se livra à tous les accès que comporte le plaisir de se voir chez un ami. Isidore avoua que le sucre arrivait à propos, car il ne lui en restait plus un seul morceau. « Bien, dit il, je vais faire du vin à la française, mais nous ne le boirons qu'à l'arrivée de Madame ; en attendant, je vais vous régaler d'un verre de vin blanc. » Sous l'inspiration du maître du logis, le choc des verres retentissait à des intervalles plus ou moins rapprochés. Ce vin blanc n'était pas agréable à l'instituteur : il avait une saveur particulière assez prononcée. Ce n'était pas une moisissure, ni un goût de fût, mais une espèce d'amertume nauséabonde qui soulevait le cœur ; il n'y touchait qu'avec réserve et pour le respect des convenances. Isidore, remarquant l'abstinence de son convive, s'informe avec la plus grande politesse s'il ne trouve point ce vin bon. Par bienséance, M. Marchal lui répond qu'il boit très-peu de vin blanc, à cause des grands maux de tête dont il est affecté. Soupçonnant peut-être qu'il n'avouait point le véritable motif, Isidore ajouta : « Je suis très-vexé de cette circonstance, et je me repens de vous avoir offert ce vin qui, du reste, n'est pas très-bon; mais je n'en ai pas d'autre pour le moment. Un peu de patience, et vous serez largement dédommagés par ce vin rouge que j'ai préparé dans ce coin; il est sucré, bien meilleur, attendu qu'il provient de l'ordinaire du château. On nous donne tous les jours un litre à chacun, et comme je ne suis pas buveur, je fais du *rabio :* vous m'en direz des nouvelles. Voyons, Messieurs, donnez vos verres, nous allons y goûter. — Non, pas encore, Mme Bruère vient dans un instant, il vaut mieux attendre. »

Il était dix heures, Mme Bruère n'arrivait pas. On faisait toutes sortes de conjectures sur son retard. Isidore se lève subitement, et part en disant : « Je vous quitte un instant pour aller écouter si elle vient. » Son absence dura de vingt-cinq à trente minutes; puis il rentra, nous assurant qu'il n'avait rien entendu. Bruère se montra très-inquiet de ce contre-temps; il faisait mille suppositions chagrines que l'instituteur et Isidore s'efforçaient de combattre, non sans efforts. Enfin il se leva, et proposa le départ. Isidore l'encourage à boire. Pour toute réponse, Bruère jette son verre de vin par la fenêtre, en disant : « Cela ne vaut rien..... partons. » — « Non pas, riposte Isidore, le vin à la française est prêt, nous allons le consommer quand même; tant pis pour Madame. »

Bruère cède à ces instances et ingurgite précipitamment, coup sur coup, plusieurs verres de vin, et se tournant vers l'instituteur, lui dit brusquement : « Monsieur, si vous ne voulez point rentrer avec moi, je vous laisse. — En voilà une drôle d'idée : quelle mouche donc qui vous pique; nous sommes venus ensemble, nous allons partir ensemble.— Eh bien ! buvez, dépêchez-vous, partons. »

M. Marchal, surpris de cette rudesse de langage inusitée chez Bruère, absorbe prestement le liquide dont le goût lui rappelle le premier.

Les deux amis s'acheminent sur Broc, après avoir échangé avec leur hôte les compliments d'usage.

Ils parcourent près de trois cents mètres sans prononcer une parole : l'instituteur rompt le premier le silence, et se plaint d'être lourd, pesant, endormi. « Et moi, reprend Bruère, ne m'en parlez pas, je ne peux plus me porter, je tombe de sommeil ; si vous voulez bien me prêter l'appui de votre bras, vous me rendrez service. »

A quelques cents mètres plus loin, au détour de la route, il propose piteusement de faire une halte pour se reposer. « Très-volontiers, asseyons-nous sur le talus. » Sitôt assis, Bruère s'étend sur le sol et s'endort d'un profond sommeil. Sa respiration est pénible, laborieuse, oppressée, et soulève sa poitrine comme le jeu d'un soufflet ; le sang circule par bonds tumultueux et très-accélérés. Son compagnon l'appelle, le pousse, le remue ; pour toute réponse, des sons rauques et inarticulés..... Il veut l'asseoir, mais son corps retombe comme une masse de plomb ; rien ne peut le réveiller de ce sommeil léthargique.

Quel parti prendre ? Il est dévoré d'inquiétude et dans la plus grande perplexité. Le laisser seul, en ce lieu désert, au milieu de la nuit, exposé à tous les accidents, serait manquer aux devoirs de l'amitié ; attendre son réveil, pour le conduire à sa demeure, serait aggraver sa position et l'exposer peut-être à une mort certaine; retourner au château, chercher des secours, présenterait le même inconvénient que de courir au bourg, et par ce qu'il ressent, il soupçonne un empoisonnement involontaire. « Ce monsieur Isidore nous a dit que ce vin provenait du château : probablement, il l'aura transvasé dans une bouteille contenant des médicaments pour ses chevaux, et il nous l'aura présenté sans malice. »

Il était loin de supposer cet homme assez pervers pour attenter à leur vie, et que cet accident était le résultat d'un crime. Néanmoins il crut prudent de hâter le plus possible le retour à Broc. Il attira Bruère sur le haut du talus, le chargea sur les épaules et partit.

Quand il entra au bourg, minuit sonnait à la tour de l'église : il était éreinté, trempé de sueur. Bruère n'avait pas repris connaissance. L'instituteur, de plus en plus inquiet, lui fit avaler deux bols de café et le déposa dans son lit.

En recevant son mari inanimé, la femme Bruère ne manifesta aucun étonnement, ni aucune inquiétude. Elle laissa l'instituteur soigner son mari, et, pendant tout ce temps, elle se tint immobile comme la statue de l'Insensibilité.

Le lendemain, Bruère ne conservait aucun souvenir de cet événement. Il se bornait à accuser un malaise général, une pesanteur de tête, une raideur de membres et un grand dégoût pour le travail. Depuis lors, il ne fut jamais question de cette scène étrange.

Cet empoisonnement n'ayant pas mieux réussi que les précédents, les complices mirent en œuvre d'autres moyens de destruction.

Le 8 août, Isidore, qui avait emmené Bruère à Marcilly, s'empara furtivement, à la fin de leur dîner, d'un couteau-poignard placé sur la table. Dans cette soirée, le père Bruère vint à Broc pour parler à son fils; ne le trouvant pas, il pria instamment sa bru d'aller avec lui rejoindre son mari à Marcilly. Chemin faisant, la femme Bruère, fit les plus grands efforts pour détourner son beau-père de ce projet; elle paraissait craindre la fatigue, indécise sur la direction qu'avait dû prendre son mari. Arrivée à Maulne, elle prétendit même qu'il devait être à la Tendronnière et non à Marcilly. Le père Bruère n'insista pas moins, et elle dut céder à sa volonté formelle. Ils allèrent donc retrouver Bruère et Gaultier à l'hôtel.

A dix heures, le père prit la route de Meigné, ses enfants et Isidore se dirigèrent sur Broc, en compagnie du sieur Peroux, qui se trouvait là par hasard.

Quinze jours plus tard, Isidore rapportait à l'hôtel, sans faire aucune excuse, le couteau qu'il avait emporté. Interrogé au tribunal sur les motifs qui lui avait fait enlever ce couteau, il répondit avec un aplomb incroyable : « Je l'avais pris pour faire chercher la maîtresse d'hôtel. Au reste, quand on est dans le malheur, on vous fait un crime des plus simples bagatelles. »

Cependant, la soustraction de ce couteau et l'attitude de la femme Bruère paraissent indiquer que Gaultier et sa maîtresse avaient concerté, pour cette soirée, un projet d'assassinat. Probablement l'arrivée imprévue du père Bruère et la rencontre fortuite de Peroux, le menuisier, ne permirent pas de le réaliser.

Le premier jour de septembre, la femme Bruère fit à Gaultier la proposition suivante : « J'irai passer quelques jours au Lude, chez une de mes tantes, et je te laisserai, en partant, une clef de la maison... À l'aide de cette clef, tu pénétreras dans la chambre d'Auguste, et tu le tueras dans son lit. » Isidore n'accepta pas cette proposition, il prétendait que la femme devait se charger de l'exécution, se réservant pour lui le soin de faire disparaître le cadavre. Ce désaccord prolongea de quelques jours la vie de Bruère.

Jusqu'à présent, les assassins se sont bornés à des moyens longs, indécis, ténébreux, pour perpétrer leur crime ; mais, désormais, les événements vont se précipiter d'une manière effrayante vers le grand acte du drame lugubre. La pensée qui les occupe se retrouve partout ; tous leurs actes tendent au même but : le crime..... toujours le crime. Aussi, dans le procès des coupables, il est constaté que dans l'intervalle de trois semaines, du 1er au 23 septembre, ils ont, dans cinq circonstances déterminées, formé le dessein d'attenter aux jours de Bruère.

C'est ici que se rapporte la seule lettre d'Isidore découverte par l'enquête ; elle est datée du 7 septembre et conçue dans le sens des phrases suivantes :

« Chère femme, douce petite mignonne, je suis attristé d'être chassé de ta maison : loin de toi je languis; les heures me semblent des jours et les jours des années; je suis malheureux de ne plus te voir à l'aise et de ne pouvoir te dire combien je t'aime... Console-toi, petite femme chérie, ce temps ne sera pas de longue durée, dès dimanche j'irai au Lude acheter *tu sais bien quoi pour en finir*, ainsi que tu le demandes pour notre bonheur. Dimanche, avant ou après la messe, tu recevras une lettre qui fixera notre rendez-vous; compte sur moi; tout ira bien; nous serons bientôt libres de nous voir et de nous marier. J'espère que tu seras toujours bonne pour moi comme je le serai pour toi. Je t'embrasse mille et mille fois.

« ISIDORE, ton amant et bientôt ton mari. »

Le lendemain 8 septembre, Isidore allait en effet au Lude acheter un revolver et des cartouches pour consommer son forfait. Ah! le fratricide! s'il eût suivi sa première pensée, de fuir avec cette femme dévergondée, la société actuelle, avec ses mœurs faciles, aurait absous ce qu'elle désigne et tolère sous le nom de bagatelle.

Dans le siècle présent, qu'importe, en effet, le déchirement d'un cœur. Qu'importe les larmes et l'isolement d'un époux trahi; qu'importe le délaissement et les angoisses d'une épouse sacrifiée; qu'importe le déshonneur des familles, la désunion de leurs membres, la perte des enfants ; qu'importe cette décadence morale qui confondra en une cité de prostitution la France et l'univers entier ; qu'importent les tristesses et les lamentations des honnêtes gens sur ces scandales impies; qu'importent toutes ces désolations si ces modernes Sardanapales sont choyés, adulés par la perversité des masses.

Hélas! il n'en résulterait pour elles qu'un entraînement plus général vers le crime, et cette prétendue victoire ne trouverait place que sur les dalles du Panthéon de l'infamie.

Sans fortune et sans espérance, Isidore aimait le luxe et l'éclat. Il eut été heureux de fixer sa résidence à Paris, mais il savait que pour y vivre avec sa compagne, il lui fallait le grand moteur universel, la richesse; telle fut sans doute la raison dominante qui le retint à Maulne.

La femme Bruère possédait quelques immeubles; elle tenait un magasin qui lui rapportait d'assez jolis bénéfices; son contrat de mariage lui assurait tout l'avoir de son mari. C'était là le côté brillant de la situation. Elle avait de l'argent, mais pas assez, et il lui en fallait beaucoup, surtout pour combler le déficit causé par les orgies de son amant. Elle avait supplié M. Langlois, notaire à Genneteil, d'annuler l'acte de donation faite à son mari et d'en constituer un autre en faveur d'Isidore. Elle avait même beaucoup insisté pour avoir de l'argent comptant. Le notaire repoussa sa demande et refusa d'établir l'acte qu'elle sollicitait. D'un autre côté les difficultés allaient toujours en augmentant. Bruère s'apercevant qu'on lui dérobait de l'argent, surveillait de près ses intérêts, et on ignore comment elle a pu lui soustraire, sans exciter ses soupçons, celui qu'elle a donné à Isidore pour acheter au Lude les armes meurtrières.

C'est donc la cupidité autant que la passion qui a amené la terrible catastrophe dont l'impression restera longtemps dans le souvenir des populations.

A partir du jour où les deux criminels se virent surveillés, serrés de trop près, ils résolurent, coûte que coûte, de briser l'obstacle qui les séparait.

Bruère ne put alors mettre le pied hors de sa demeure sans être guetté par son ennemi acharné. Isidore s'attachait à ses pas, le suivait comme son ombre, et chaque soir il s'accusait de n'avoir pu accomplir son œuvre. Ces déceptions journalières l'exaspéraient; sa vie était une fièvre continuelle; son air soucieux, sa physionomie inquiète, ses paroles ambiguës, son maintien embarrassé, sa démarche brusque et saccadée, tout en lui accusait le cruel dépit d'une rage inassouvie.

De son côté, la femme Bruère ne lui laissait point un moment de répit; elle le flattait, mais en le grondant; elle l'encourageait, mais en le blâmant; elle l'excitait, mais en le soupçonnant; elle le commandait, mais en l'accusant : « Tu me désespères, lui disait-elle, tu ne m'aimes pas; tu n'as pas de cœur; tu es lâche!!! Mon cher petit mignon, je t'aime!!! Je t'en supplie..... rends-moi heureuse..... Tu as tout ce qu'il te faut, un couteau, un revolver, des cartouches... Oh! de grâce!!! je t'en conjure... fais-moi ce plaisir... — Que crains-tu? — Qui peut t'embarrasser? — Les occasions ne te manquent pas. — Sois donc assez courageux pour en finir. — Allons, tu iras tel jour, à telle heure, t'embusquer à tel endroit; je l'enverrai, il y passera sûrement, *et tu feras le coup!*

C'est ainsi que, le 12 septembre, Bruère devait

accompagner à Baugé les neveux de M. le curé de Broc, M. Jacques Coudray et son fils Emmanuel. Ils avaient arrêté qu'ils rentreraient probablement à une heure avancée de la nuit. La femme Bruère avait prévenu Isidore : « Quelle bonne fortune, lui avait-elle dit, tu n'auras qu'à te poster au-delà de la Croix-Beauchêne ; là, tu attendras, caché dans la haie, l'arrivée de la voiture ; rien ne sera plus facile ; le cheval de M. Coudray est ardent, ombrageux, il peut s'effrayer aux premiers coups et faire tout culbuter : tâche seulement de n'être pas reconnu. » Le misérable parut, cette fois, entièrement décidé à perpétrer son crime, dût-il faire quatre victimes de plus. Il quitta Maulne à la chute du jour pour se diriger vers Chigné.

La Providence avait inspiré à ces Messieurs la bonne pensée de ne pas s'attarder et de rentrer avant la nuit ; cette circonstance seule fit échouer le projet homicide.

Le 15 septembre, la femme Bruère informait Isidore que son beau-père devait venir passer la soirée chez elle, et qu'ils iraient, son mari et elle, le reconduire sur la route de Chalonnes. Elle l'invitait à assassiner *Auguste* au moment où elle rentrerait avec lui. La rencontre de M. Marchal, qui se joignit à eux, empêcha l'exécution du crime.

Bruère avait projeté, pour le 17 septembre, le voyage de Volandry avec le neveu de M. le curé ; il devait aller appeler ce jeune homme à deux heures du matin. Isidore fut encore averti et il jura de tuer Bruère dans le parterre de la cure au moment où il frapperait à la porte.

Bruère ne parut pas : il dormait ; sa femme avait si bien promis de l'éveiller ! L'infâme ne supposait pas que le sommeil pût la dompter avant qu'elle n'eût jeté son *mari* dans ce nouveau guet-apens. Ce fut au contraire Eugène Ménard qui courut donner le signal du départ.

Dans cette même nuit, le sieur Dubois, attaché au service du château, vit en effet Isidore fureter dans leur chambre, prendre son revolver et se préparer à sortir. Surpris de cette manœuvre intempestive, il demanda ce qu'il prétendait faire..... — Je veux tuer des lapins.

Le 20 septembre, la femme Bruère écrivit à son amant, en lui fixant pour le lendemain, à trois heures, un rendez-vous, où ils se concertèrent ; il y fut arrêté qu'Isidore viendrait le soir même s'embusquer dans les sapins qui bordent le chemin de la Tripardière.

Dans cette ferme isolée avait lieu ce que les gens du pays nomment une *érussée*; les époux Bruère devaient être de la partie. Rendue la première, la femme espérait que son mari viendrait seul et que la réussite serait infaillible. Moins confiant, Isidore surveilla le départ de Bruère, et, comme il le vit accompagné de M. Marchal, il ne parut pas à l'heure indiquée.

Le lendemain, la femme Bruère lui reprocha amèrement sa pusillanimité. Cette lettre ironique renfermait l'expression de tous les reproches réunis : indécision, scrupule, infidélité, trahison, parjure, tout ce que la passion la plus invétérée peut imaginer d'excitant pour étouffer les derniers remords de son complice.

Transporté de dépit, Isidore répondit à la femme Bruère : « Indique-moi seulement le lieu et l'heure, et tu verras que cette fois il ne m'échappera pas. »

L'attente de l'amant ne fut pas de longue durée, Marie Hérissé l'informa incontinent qu'elle emmènerait, le lendemain soir, son mari souper à Meigné, d'où ils repartiraient à neuf heures.

Auguste ne se souciait pas d'aller ce jour-là chez son père; il fallut toute l'astuce de l'adultère pour l'y entraîner. Elle supposait bien, la scélérate, que, dans une promenade de seize kilomètres, aucun ami de la victime ne viendrait intimider le bandit.

Il paraît indubitable, tant le désir du crime était pressant, que rien ne pouvait plus rassassier la haine des misérables; il leur fallait du sang... du sang.....

D'après les aveux faits aux magistrats, quiconque se serait trouvé avec Bruère aurait été sacrifié sans merci.

Ce fut donc, dans la nuit du 23 septembre, à dix heures et demie, au milieu d'une nature pleine de vie et de beauté, sous un ciel diamanté des feux brillants de milliers de flambeaux célestes, sous le regard voilé des anges pleurant l'attentat qui va se consommer, sous l'œil attristé de Dieu suivant le poignard de l'assassin et recueillant les larmes et les prières de la victime ; ce fut alors qu'Auguste, après avoir lutté contre les tristesses de l'affection dédaignée, contre les angoisses de l'amour trompé, contre les tortures de la diffamation, contre la honte de son honneur vilipendé ; ce fut après avoir échappé aux trahisons, aux embûches, aux empoisonnements, au fer meurtrier, à toutes les machinations diaboliques de ses implacables persécuteurs ; ce fut alors que l'infortuné Bruère, plein d'avenir, à la fleur de l'âge..... — 28 ans, — jeune homme robuste, travailleur intelligent, bon citoyen, ami sincère, fils respectueux, époux fidèle, chrétien fervent ; ce fut alors, heure fatale ! heure mémorable ! heure néfaste ! heure maudite ! ce fut alors qu'*Auguste Bruère* tomba sous les coups sauvages de son ami Isidore-François-Adrien Gaultier, en présence de Marie-Thérèse Hérissé, adultère et complice.....

« Ainsi, dit le *Journal de Maine-et-Loire*, s'accomplit le crime dont Isidore et la femme Bruère avaient poursuivi la réalisation avec une implacable persévérance ; il est l'œuvre commune des deux accusés. C'est d'accord qu'ils ont résolu de se débarrasser d'un homme dont la vie était un obstacle à la passion coupable et violente qu'ils avaient conçue l'un pour l'autre.

» Ils ont cherché ensemble les moyens de parvenir à leur but, ils ont concerté le guet-apens dans lequel le malheureux Bruère a succombé. Les lettres de l'accusée montrent avec quelle ardeur impatiente elle désirait la mort de son mari. Non-seulement elle y provoque son amant à l'assassinat, elle lui signale les occasions favorables, lui indique les lieux où il doit s'aposter, mais elle lui reproche ses lenteurs, elle le presse d'en finir. C'est elle enfin qui froidement conduit son mari à la mort, va le livrer aux mains de l'assassin et ne craint pas d'assister à la consommation du crime. »

La cour d'assises d'Angers, malgré les savantes et éloquentes plaidoiries des défenseurs, rendit un verdif affirmatif sur toutes les questions, sans accorder le bénéfice des circonstances atténuantes, et, le 14 février 1873, condamne les accusés à la peine de mort.

L'opinion publique accueillit cette sentence sévère, mais juste, avec un indicible soulagement. La peine était en proportion du délit.

Maintenant notre tâche est achevée, laissons la justice humaine terminer cette lamentable histoire, en retirant à ces forcénés la vie qu'ils avaient reçue pour faire le bien. Plaignons-les, car ce sont des créatures de Dieu. Prenons exemple sur eux; ne déshonorons point nos familles et nos enfants ; demeurons fermes dans le sentier du devoir, n'abandonnons jamais le drapeau de l'honneur pour suivre la mauvaise voie. Le châtiment ignominieux infligé aux coupables, nous montre une fois de plus qu'on ne viole pas impunément les lois immuables qui régissent la société et que tôt ou tard le méchant subit la peine due à ses méfaits.

LA CROIX COMMÉMORATIVE.

Nous rapportons ici, en quelques lignes, l'imposante cérémonie qui fut célébrée le 21 novembre 1872, sur le lieu même où succomba Bruère.

Ses amis, ses parents, les populations des paroisses environnantes, s'associant à l'immense douleur qui accablait sa famille, vinrent processionnellement, bannières en tête, rendre hommage à la mémoire de l'infortuné martyr.

Ce fut un tableau touchant : Ces multitudes qui se déploient pieusement, graves et recueillies, en un immense cercle, de la route à la place encore tout imprégnée de sang. Cette croix qui plane sur la foule éplorée, ces hymnes lugubres qui emplissent l'espace de leurs strophes gémissantes ; tout imprime à cette scène un air majestueux **et grandiose**.

Lorsque M. Menard, curé de Broc, vint d'une voix émue rappeler, en quelques mots sympa-

thiques, les douleurs et la perte de son bien-
aimé paroissien, les larmes et les sanglots mon-
trèrent que l'émotion était générale et les
regrets unanimes.

Voici l'allocution :

> *Nunc igitur maledictus eris super terram,*
> *quæ aperuit os suum et suscepit sanguinem*
> *fratris tui de manu tuâ.*
>
> Vous serez donc maintenant maudit sur la
> terre qui a ouvert sa bouche, et qui a reçu le
> sang de votre frère lorsque votre main l'a
> répandu.
>
> GENÈSE, chapitre IV, verset 11°.

« MES FRÈRES,

» Quel lugubre rendez-vous ! quel sombre
cortége !

» Pourquoi ce nombreux concours, cette foule
pieuse et recueillie dans un lieu désert où l'on
ne met le pied qu'en passant. Pourquoi ces
visages consternés ? Ah ! mes frères, c'est que
nous sommes sur le sol imprégné du sang de l'un
nos frères, c'est que votre souvenir affectueux
pour la victime et votre juste sympathie pour
sa famille éplorée, remuent puissamment les
fibres les plus sensibles de vos cœurs.

» Vous avez raison, mes frères, pleurez, pleurez toutes vos larmes pour laver la tache dont cette terre est maculée ; pleurez sur la cruauté du nouveau Caïn, sur les douleurs, sur les angoisses mortelles de la victime.

» Vous la connaissiez, vous l'aimiez, cette victime ; sa mort inattendue vous a tous jetés dans le deuil et la consternation, et voilà pourquoi vous êtes venus avec tant d'empressement : c'est le regret joint à l'affection qui a dirigé vos pas vers ce lieu, désormais si tristement mémorable. Vous avez tenu à déposer les premiers une ardente prière au pied de cette croix commémorative que nous allons bénir. Vous avez voulu venir y recueillir de salutaires réflexions , de précieux enseignements.

» Pour satisfaire à ce pieux désir, nous allons dire tout simplement le langage persuasif que cette croix adressera silencieusement à ceux qui passeront devant elle ; nous allons résumer en quelques mots les pensées sérieuses que doit nous inspirer ce triste spectacle, et l'application pratique que chacun de nous peut s'en faire.

» Comprenez bien ces pensées :

» Cette croix demeurera là pour dire aux jeunes gens et aux jeunes personnes : défiez-vous de vos passions, ne jouez pas imprudemment avec elles, si minimes qu'elles soient dans leurs principes, tout excusables qu'elles paraissent dans leurs écarts. Combattez-les de bonne heure, énergiquement et sans relâche, car peu à peu elles prendraient l'empire sur votre raison, votre esprit tomberait par degrés dans l'aveuglement le plus funeste, votre cœur dans la corruption la plus alarmante ; dès lors, pour vous, trouble intérieur, remords cuisant, sombre avenir ; et, qui sait si vous n'arriveriez pas insensiblement au déshonneur, à la ruine, à la perte complète.

» Demeurez donc toujours prudents.

» Que les jeunes gens modèrent les battements de leur cœur selon les règles de la religion, leur langage sur les lois de l'honnêteté, leurs relations suivant les principes de la dignité chrétienne : qu'ils portent gravées dans leur cœur ces paroles toutes pleines de vérité :

« Jeunesse consommée dans les plaisirs insen-
» sés amène vieillesse pénible et toujours anti-

» cipée..... L'oubli de la religion conduit à
» l'oubli de ses devoirs..... L'honneur est mal
» gardé quand la religion n'est pas aux avant-
» postes. »

» Pour vous, jeunes filles, rappelez-vous
que les plaisirs innocents peuvent seuls laisser
dans l'âme une joie pure, tandis que ceux qui
la souillent, l'attristent, la noircissent, et souvent la tuent. Il en est de votre honneur comme
de la neige qui ne peut reprendre son éclat ni
sa pureté dès qu'elle les a perdus. Ayez donc
soin de ne jamais l'exposer. Soyez, par votre
conduite, sages et chrétiennes, la joie de vos
parents, l'honneur de vos familles et la consolation de l'Eglise.

» Elle dira aux pères et aux mères : élevez
vos enfants suivant la foi et la morale de Jésus-
Christ, *educate filios vestros in disciplina et
compunctione Domini*, car, continue saint Augustin, vous avez contracté le mariage pour
donner à l'Eglise des chrétiens, au ciel des
saints.

» La jeunesse est une fleur, et c'est dans la
fleur qu'il faut préparer le fruit. Un vase neuf

garde longtemps le parfum de la liqueur qu'il a reçue, ainsi vos enfants garderont les premières impressions ; veillez donc, et veillez de manière à écarter de leurs pas les piéges perfidement tendus à leur inexpérience. Soyez leur conseiller, leur lumière, leur guide, leur soutien sur le chemin périlleux de la vie, dites-leur l'excellence de leur origine, le but sublime de leur création et la voie sûre pour y parvenir ; d'une main dévouée, mais ferme, signalez-leur toutes les embûches, tous les écueils dans lesquels ils pourraient tristement sombrer, accoutumez-les de bonne heure à la pratique de la vertu, efforcez-vous de leur inspirer la crainte du péché, ce grand mal de Dieu et des hommes, de la famille et de la société.

» Je sais que l'adolescence est le temps de la fougue, de l'orage et des tempêtes ; à cet âge inexpérimenté, l'oreille est sourde, du moins peu attentive, l'imagination empêche souvent la réflexion ; malgré cela, ne vous découragez pas ; semez, semez encore dans ces jeunes cœurs la bonne semence de la vertu et de la justice, et vous verrez : peu à peu elle germera, et, en germant, elle étouffera l'ivraie dont parle l'Evangile.

» Suivez donc du regard vos enfants le jour et la nuit, tremblez avec eux au moindre danger ; un jeune cœur est si fragile et si accessible aux émotions. Ne les scandalisez pas, car souvent les mauvais exemples sont pires que des crimes ; édifiez-les au contraire par des mœurs irréprochables, et ne ressemblez pas à ces poteaux qui indiquent les chemins sans les parcourir. Les bons exemples sont un parfum qui attire, une parole qui entraîne.

» Ecoutez, dit saint Chrysostôme, écoutez, pères et mères : votre bouche, votre langue, vos lèvres sont autant de livres dans lesquels vos enfants étudient et s'instruisent.

» Appliquez-vous donc à surveiller vos paroles de manière qu'aucune ne puisse blesser leur délicatesse, et, de plus, joignez la pratique à vos croyances ; armée de ce secours, votre parole acquerra une puissance irrésistible.

» Elle dira aux époux : les engagements que vous avec contractés au pied des autels sont sacrés, votre serment de fidélité est marqué sur le livre de Dieu. Ne cessez jamais de vous respecter et de vous aimer comme au jour de votre union. Ayez l'un pour l'autre cette considération, ces égards, cette politesse exquise qui font les charmes de l'amitié et les délices des bons cœurs. Vous êtes la conquête l'un de l'autre, vous n'avez plus le droit de partager vos affections.

» Quels que soient les divergences des caractères, la diversité des tempéraments, les orages de la vie, vous devez former un seul et même cœur, une seule et même âme. Cette affection réciproque, ce dévouement mutuel seront la meilleure consolation dans vos peines ; par cette douce harmonie vous éviterez les mille chagrins que la fidélité soupçonnée produit toujours infailliblement.

» Epoux, vous êtes le bras, la tête, le roi de la famille ; votre compagne en est le cœur : le jour où il y aura rupture sera le dernier de votre bonheur.

» Aimez-vous donc d'un amour inaltérable,

et prouvez-le par vos procédés toujours sympathiques et bienveillants.

» Elle dira aux maîtres et aux maîtresses : Prenez soin de vos serviteurs et de vos servantes. A vous, leur temps, leur savoir, leur habileté ; mais, pour eux, votre sollicitude, votre surveillance, votre direction. Ceux que la Providence vous donne pour auxiliaires deviennent, sous votre toit, membres de votre famille ; en vous les confiant, Dieu vous remet le soin de leur âme ; respectez donc ce dépôt sacré, et ne permettez jamais qu'il périclite en vos mains, car saint Paul dit : *Celui qui n'a pas soin des siens, et surtout de ses domestiques, a perdu la foi, il est pire qu'un infidèle.* Ne vous bornez donc pas à tirer profit de leur travail, mais étendez votre vigilance sur tous leurs actes, sur l'emploi de leurs loisirs, sur l'accomplissement de leurs devoirs religieux, sur leurs fréquentations de jour et de nuit. Ne leur permettez jamais ces courses errantes, vagabondes, désignées sous le nom de veillées, à moins que vous ne sachiez le lieu du rendez-vous, la convenance des invités et l'heure précise du retour.

Dites-leur que la nuit est le temps du repos, et les ténèbres l'heure du crime. Faites-leur comprendre que votre sollicitude part d'un principe basé sur le devoir et non sur un caprice despotique. En un mot, respectez-les comme les membres de la grande famille humaine; aimez-les comme vos enfants, et traitez-les comme d'autres vous-mêmes.

» S'il en est ainsi, vous aurez la consolation de voir votre maison respectée, vos serviteurs plus fidèles, plus sûrs, plus affectueux,

» Enfin, elle demeurera là pour perpétuer la barbarie des assassins et l'horreur du crime, mais surtout pour demander une prière à tous les passants. Elle sera là comme la voix de la malheureuse victime égorgée, redisant le dernier mot tombé de ses lèvres expirantes : *Grâce !!! grâce !!!* Ayez pitié de mon âme, soulagez-la par une petite prière, ne serait-ce que ces mots : Seigneur, pardonnez-lui !

» Tels sont, mes frères, en peu de mots, les précieux enseignements que la Croix nous fournit, et j'espère que vous saurez en profiter.

» Terminons par un mot souvent répété et malheureusement trop peu compris… Adieu !

» Oui, mon cher frère, adieu ! Ce mot, pour nous, veut dire : A Dieu, ton âme !! qu'elle obtienne miséricorde, qu'elle aille goûter les éternelles joies de la vision béatifique !… Au revoir au ciel !!

» Pour ta dépouille mortelle, nous l'avons trouvée là, nous l'avons recueillie affectueusement, nous l'avons présentée dans l'encèinte sacrée, où tu aimais tant à paraître ; maintenant elle repose dans le champ des morts, en attendant qu'un des rayons du soleil de justice vienne la toucher pour lui rendre la vie de l'heureuse immortalité.

» Il est vrai que la mort t'a frappé d'une manière terrible ; elle est venue fondre sur toi comme un voleur, au milieu de la nuit, lorsque tu marchais, calme et confiant, au milieu des embûches les plus perfides ; en toi s'est vérifiée la parole de l'Évangile : *Je viendrai quand vous y penserez le moins.*

» Heureusement, tu avais depuis longtemps connu cet oracle de l'Esprit-Saint ; tu avais prudemment réglé ta vie sur la sagesse chrétienne; voilà pourquoi dans nos larmes il y a des larmes d'espérance.

» Nous savons que Dieu proportionne ses grâces à la fidélité dans l'accomplissement de nos devoirs; nous savons qu'il mesure son divin secours sur les épreuves par lesquelles sa Providence nous fait passer, nous savons qu'il a des miséricordes privilégiées pour les cœurs souvent réchauffés par celui de Jésus, et qu'enfin la chair, sanctifiée par la manne eucharistique, garde en elle l'heureux germe de la glorieuse immortalité. Toutes ces pensées consolent notre douleur et justifient notre espérance.

» Daignez donc, ô mon divin Sauveur, vous, l'incomparable martyr du Calvaire, l'auguste victime du genre humain, daignez oublier les faiblesses de notre frère immolé. Ses lèvres ne peuvent plus murmurer le chant du pardon, mais elles ont si souvent redit votre amour et vos louanges! Son cœur ne peut plus battre pour vous, mais il a si souvent palpité dans les doux transports que l'on goûte au pied du tabernacle!

» Vérifiez donc en *Lui*, Seigneur, cette parole si consolante pour vos amis intimes : *Celui qui mange ma chair et qui boit mon sang, ne mourra pas, je le ressusciterai.*

» Amen! »

Sous l'impression de ces conseils évangéliques, la pieuse assistance se retira morne et silencieuse.

COMPLAINTE DE LA BRUÈRE.

Pour entendre mon triste sort,
Venez des quatre coins du monde ;
Vous aurez de ma cruelle mort,
De mes crimes, une horreur profonde.
Jeunesse, écoutez le récit   } bis.
Où la débauche m'a conduit.

Bien jeune encore, chez mon père,
A la fleur de l'adolescence,
Privée des leçons d'une mère,
J'ai perdu la sainte innocence.
Vous tous, qui avez des enfants,   } bis.
Surveillez bien leurs premiers ans.

Ayant perdu tout mon honneur,
Le ciel, voulant ma conversion,
Permit que pour son malheur
Auguste consacra notre union.
Malgré la bonté de son cœur,   } bis.
Il supporta mille douleurs.

Mère barbare, malgré ses larmes,
J'enlevai à sa tendresse
Les créatures remplies de charmes,
Que son sourire caresse.
Aussitôt qu'un enfant est né,   } bis.
A la mort il est condamné.

Je quittais souvent la maison,
Comme une coupable adultère ;
Je fuyais les sages leçons
Que me donnait mon cher Bruère.
Voulant ses reproches éviter,   } *bis.*
Je résolus de le tuer.

Le poison, cruel destin,
Trompa mes desseins téméraires ;
J'entraînai un libertin
Dans mes projets sanguinaires.
Pour égorger ce cœur si tendre,   } *bis.*
Sur le chemin il vint l'attendre.

Moi-même je le désarmai,
Pour mieux assurer son trépas ;
Auguste est perdu à jamais,
Le pistolet, le coutelas
Ont fait passer son âme aimante   } *bis.*
A une autre vie moins souffrante.

De suite je fus arrêtée ;
Entre les mains de la justice,
Mon procès fut bientôt jugé.
Je suis condamnée au supplice :
Faut-il à l'âge de vingt-six ans   } *bis.*
Mourir si honteusement ?

Vous me voyez sur l'échafaud,
Grand Dieu ! pardonnez-moi mon crime.
Jeunesse, priez le Très-Haut.
Ne tombez jamais dans l'abîme,
Ou vous périrez comme moi.
De grâce, priez Dieu pour moi... } *bis.*